AF507409

Riquet à la houppe
Millet à la loupe

Du même auteur

Yves Klein, *art press/Flammarion, 1982*
L'Art contemporain en France, *Flammarion, 1987*
Conversations avec Denise René, *Adam Biro, 1991*
De l'objet à l'œuvre, les espaces utopiques de l'art, *art press, hors-série n° 15, 1994*
Le critique d'art s'expose, *Éditions Jacqueline Chambon, 1995*
L'Art contemporain, *Flammarion, collection « Domino », 1997*
La Vie sexuelle de Catherine M., *Le Seuil, collection « Fiction & Cie », 2001*

Catherine Millet

Riquet à la houppe
Millet à la loupe

Stock

« Mon physique n'est pas de ceux dont on attend qu'ils éveillent les passions. Il y a entre mes membres et mon corps une disproportion qui donne de la gaucherie à tout mon air. Ma figure doit de plaire aux uns à ce qui déplaît aux autres ; des traits un peu grands, qui semblent stupides quand ils ne sont plus éclairés par les yeux, que j'ai fort mobiles. »

Louis Aragon, *Le Cahier noir*

Ce n'est pas une fois, ce sont des centaines de fois, à vrai dire presque chaque fois qu'un nouvel interlocuteur s'adresse à moi, que je me suis entendu poser cette question : « Excusez-moi, votre nom se prononce "miyé" ou "milé" ? » Telle est presque systématiquement l'entrée en matière des journalistes, ou des modérateurs chargés d'introduire un débat, une conférence, ou encore des traducteurs ou des interprètes cherchant l'équivalent phonétique de mon nom propre. Cela parce que la prononciation en français voudrait « miyé », et qu'on m'a peut-être entendue dire « milé » (en fait, j'ai tendance à prononcer « milai »), qu'on sait que les noms propres admettent certaines particularités phonétiques, et qu'avant tout on veut être aimable avec moi, respecter mon nom, mon identité. Au début, je répondais que je m'en fichais : « Dites comme cela vous vient, ça n'a aucune importance. » J'ajoutais, pour mettre à l'aise, que je ne me vexerais pas.

Je m'appelle Millet parce que Millet est le nom de ma famille. Je réponds au nom que d'autres m'ont transmis, qu'on me donne, même s'il y a entre la façon de dire des uns et celle des autres une petite différence. Je ne prétends pas corriger. Après tout, ce n'est pas moi qui ai parlé la première ! La conscience de qui je suis, je la dois d'abord à ceux qui se sont adressés à moi. Et c'est resté dans mon caractère : je me manifeste plus dans le registre de la réponse que dans celui de l'interpellation. Peu importe qu'avec le temps, l'unité phonétique dont on use pour me désigner se révèle légèrement labile. Millet est un signe abstrait, sans relation figurale avec ma personne. Ce n'est pas un fétiche. Je ne suis pas blessée si on l'écorche.

Donc, j'avais beau vouloir éluder la question, il y en avait pour cinq bonnes minutes de palabres. La personne insistait : « Pas du tout, autant prononcer votre nom comme il convient... Il me semble vous avoir entendu dire "milé", ou plutôt "milai", non ? » Franchement, je ne savais plus. J'étais prête à répéter plusieurs fois le nom à voix haute afin de vérifier comment, en effet, je le prononçais spontanément. Mais je ne voulais pas non plus imposer une prononciation spéciale, exiger d'un interlocuteur prévenant une attention plus soutenue à l'instant d'entamer les deux syllabes. Je me mettais à sa place, lorsqu'on anime une émission ou une table ronde, d'autres choses réclament la vigilance. De plus, je ne trouvais pas que « Millet » fût un nom qui méritât tant de précaution. L'annuaire téléphonique de Paris répertorie trois cent soixante-cinq Millet (dont huit Catherine). C'est un nom qui est beaucoup plus répandu que celui de

Broglie, ou celui de Rzeszotarski, et on peut bien laisser à tous ceux qui sont conduits à l'articuler la liberté de le faire comme il vient à leur langue de se plier dans leur bouche, indépendamment d'un usage qui serait fixé par des références historiques ou culturelles. Le meilleur exégète de *L'Angélus* de Millet, Dalí, d'habitude si péremptoire, prononçait de façon relativement douce « mil-lé », ce qui fait qu'on croit entendre parfois « miyé ».

De guerre lasse, j'ai fini par trouver la parade qui m'obligeait à assumer une prononciation particulière mais coupait court aux discussions sur les spécificités phonétiques régionales des noms propres en France. Je répondais brièvement : « Mon père prononçait "milai". » Personne ne discutait plus le fait qu'une fille respectât la parole de son père. La convention passait du registre de la linguistique à celui de la morale. Du coup, j'avais le loisir d'ajouter de temps à autre, pour faire sourire et aussi parce que j'éprouvais quand même le besoin de me justifier : « Mon père disait qu'on s'appelait "Milai" parce qu'on était mi-laids, mi-beaux. » C'est vrai. J'ai souvent entendu mon père s'amuser de ce jeu de mots, l'index dressé comme s'il était réellement en train de nous apprendre un utile procédé mnémotechnique pour que nous nous souvenions de notre nom propre, avec une pointe de suffisance dans la voix (ou de fausse modestie) parce qu'au fond il devait penser que la répartition n'était pas si égale et qu'il se serait mieux appelé, par exemple, Uncarlet. Ce en quoi il n'avait pas tort car il n'était pas si mal. Il n'empêche, Millet n'est pas un nom qui puisse suggérer ni une grande beauté ni une extrême laideur, il ne vous promet aucune distinction. S'il faut absolument lui attribuer une qualité dénotative, le mètre soixante des femmes dans la famille Millet à laquelle j'appartiens, soixante-dix des hommes, et leurs cheveux châtains aux uns et aux autres, conviennent parfaitement. Non seulement c'est un nom court mais, comme si cela ne suffisait pas, il est doté d'une terminaison qui ressemble à un suffixe diminutif qui induit quelquefois une nuance de commisération – « le pauvret », ou bien : « Il est un peu simplet ! » Il est très possible, n'est-ce pas, que l'inclination familiale, d'une part, à éviter le « l » mouillé et, d'autre part, à opter pour une terminaison en « ai », plutôt qu'en « é », permettait d'éviter un je-ne-sais-quoi de miteux qui se serait ajouté à ce handicap. J'ai toujours perçu la consonance « yé » comme légèrement ridicule et j'en veux pour preuve le nom qu'a donné Guy Scarpetta à un personnage censé me représenter dans ses dessins satiriques : Martine Mouillé. Mon père, qui d'ailleurs avait failli m'appeler Martine, et qui n'était pas sans vanité, avait dû déjà s'en rendre compte. Le « l » mouillé, semi-consonne palatale, oblige à contracter de manière mesquine la langue, tandis que « lai » ouvre nettement plus la bouche. On n'ouvre pas la bouche en rentrant le menton.

Au mieux, Millet s'entend comme un nom d'une grande banalité, perdu dans le lexique de tous les patronymes français à deux syllabes, ayant une terminaison en « et » : Ballet, Béret, Binet, Brunet, Burnet, Fauvet, Malet, Mallet, Mayet, Miyet, Moret, Moulet, Mulet, Néret, Neyret, Perret, Peynet, Pierret, Pleynet, Poiret, Richet, Riquet, Sautet, Sauvet, Valet, Venet, Verdet... M est la lettre qui se trouve pile au milieu de l'alphabet. En classe, lors de l'appel, je devais guetter mon nom dans le peloton, ce qui demande une attention accrue. J'ai commencé ma scolarité en dernière année d'école maternelle. Le tout premier jour de ma vie où je me suis trouvée immergée dans une communauté qui n'était pas celle de la famille, l'institutrice a dû expliquer que chacun, à l'appel de son nom, devait répondre : « Présent. » Assise pas tout à fait au fond de la salle, mais pas loin et collée au mur, je n'ai rien entendu et rien compris de ce que les autres ont commencé à glapir. J'ai quand même reconnu mon nom et dans l'affolement j'ai crié : « Catherine ! » L'institutrice, à qui il suffisait sans doute d'entendre une voix, n'a pas relevé mais ma voisine m'a jeté un regard de réprobation. C'est, toujours, le souvenir de m'être sentie bête dans ce moment-là qui me revient lorsque, manipulant de vieilles photos, je tombe sur celle où, la chaîne en or sortant du col boutonné, les bras croisés sur mon pupitre, je fixe l'objectif, c'est-à-dire que je me fixe, moi, en cet instant, d'un regard quasi halluciné.

* * *

Un 1er avril, au début de l'après-midi, une femme qui était sténo-dactylo, et qui était mariée à un homme dont le métier était de vendre des voitures, accoucha de son premier-né, une fille si noiraude que, lorsqu'on la posa dans les draps, les grand-mères et les tantes qui étaient présentes déclarèrent toutes ensemble qu'elle ressemblait à une mouche dans un bol de lait. Même si ce jour-là toutes les plaisanteries sont permises, c'était en vérité un compliment, car, dans cette famille, on n'avait guère de signe particulier, et l'on estima qu'une figure « typée » (ce qui, dans le langage de ces gens, par euphémisme, signifiait avoir une peau mate et des cheveux sombres) était une forme de beauté. On s'émerveilla surtout des yeux noirs de l'enfant. La nature veut que les yeux de la plupart des nouveau-nés aient une couleur indéfinissable – tirant souvent vers un bleu presque marine qui transporte d'admiration les pères – avant de prendre leur couleur définitive, claire ou foncée. Des yeux brun très foncé, au point de paraître noirs, sont une rareté à la naissance, et l'on y vit l'un de ces traits singuliers qui font espérer à la famille que l'enfant se détachera de la multitude dans laquelle ses parents, parce qu'ils viennent

d'accomplir l'acte primordial de la per-
pétuation de l'espèce, pressentent à
l'inverse qu'ils se fondent. On ne man-
quait pas de rappeler à l'enfant qui gran-
dissait cette anomalie qui avait marqué
son visage à la naissance, et on la compli-
mentait pour ses grands yeux brillants
qui frappaient toujours le regard des
autres. On allait vers elle avec les meil-
leures dispositions car de tels yeux ins-
pirent la confiance comme étant le signe
d'un esprit ouvert. Si l'on avait été d'un
catholicisme plus fervent, sans doute lui
aurait-on demandé de rendre grâce à
Dieu, par quelques bonnes actions, de ce
privilège. Mais on la tint pour quitte. Elle
put jouir de l'impression produite par ses
yeux comme d'une indéfectible protec-
tion, comparable à cette aura magique
qui dans les contes de fées permet aux
héros d'échapper aux dangers. L'esprit
des enfants est entier; il leur suffit de
posséder un seul bien, quel qu'il soit,
pour se croire invincibles. Le dimanche,
on habillait la fillette en blanc et les

tantes qui venaient pour le goûter prétendaient que de tels yeux lui « mangeaient » le visage. Les deux billes de charbon étaient deux minuscules planètes dont l'irrésistible attraction et le pouvoir d'absorption faisaient le vide autour d'elles.

Au bout d'un peu plus de trois ans, la mère donna naissance à un second enfant, qui se trouva être un garçon, ce qui réjouit l'entourage car on disait qu'avoir une fille et un garçon, c'était avoir le choix du roi. On s'extasia qu'il eût les yeux et les cheveux si clairs, la peau si transparente, car ce n'était le cas ni de son père ni de sa mère, et il fallait remonter à un arrière-grand-père pour trouver un antécédent à tant de blondeur. Quand la mère revint de la clinique où elle avait accouché, elle posa l'enfant sur un grand lit pour l'exposer aux regards des visiteurs. On autorisa la sœur à s'approcher et elle trouva qu'il n'y avait rien au monde de plus doux que cette petite main de poupée qu'elle avait prise dans la sienne.

À mesure que les deux enfants grandirent, leurs différences s'accrurent bien que leurs caractères physiques perdissent de leur relief, comme cela est souvent le cas. On parlait moins des grands yeux noirs qui ne dominaient plus un visage qui s'était allongé et auxquels le nez, qui lui aussi avait grandi, faisait maintenant concurrence. Quant aux cheveux du garçon, ils n'étaient plus aussi dorés. Toutefois, la mère, qui accordait la plus grande attention à la façon de se vêtir, continuait d'entretenir le contraste physique entre son fils et sa fille. Cette chance qui lui avait été donnée de disposer du choix du roi, elle voulut la faire valoir exemplairement, et elle fit en sorte que sa progéniture répondît parfaitement aux stéréotypes de la brune et du blond. Ainsi, selon la loi de la répartition des couleurs en fonction du teint et des cheveux, la fille ne fut jamais habillée qu'en rouge tandis que le garçon se trouva voué au bleu. L'opposition était d'autant plus frappante que les vêtements étaient souvent choisis du même modèle. Elle était systématique et s'appliquait aussi bien à la couleur de la couverture des lits jumeaux qu'à celle des trousses à crayons, des pelles à sable et des bicyclettes.

Quoique la blondeur et les yeux bleus soient habituellement considérés comme des attributs séraphiques, le cadet n'avait rien d'un ange. Il était colérique et exclusif dans son rapport à sa mère. Avait-elle cinq minutes de retard le soir, lorsqu'elle rentrait du travail, il sanglotait déjà en la guettant par la fenêtre. Qu'elle parût enfin ne l'apaisait pas car il entrait alors dans une rage au suprême degré, insondable, et qui terrifiait toute la famille. La mère avait beau le tenir contre elle pour le rassurer, on le voyait continuer de trépigner et il appuyait sur le ventre maternel une tête rouge de congestion. Un jour qu'il s'était livré à une telle scène, mais alors qu'il était redevenu plus calme, il déclara à sa sœur que la mère était sa mère à lui, tandis que sa mère à elle était en fait leur grand-mère maternelle qui vivait avec eux.

L'aînée était d'un tempérament plus docile. Lorsque par hasard au cours d'une promenade on croisait une femme au type méditerranéen, surtout si elle portait ses cheveux noirs relevés en un chignon lisse, la mère la désignait à sa fille. Elle lui disait qu'elle aimait l'imaginer ainsi lorsqu'elle serait plus âgée, et la fille acquiesçait. Ce n'était pourtant pas là un modèle simple à interpréter. Les actrices de cinéma qui étaient brunes affichaient plutôt un tempérament ardent et leurs cheveux étaient plus souvent défaits qu'ils n'étaient tirés en un chignon bien peigné. Il fallait donc croire que, dans la vie réelle, il convenait de réprimer son tempérament; une brune était forcément passionnée mais elle devait apprendre à se tenir. Dès que sa fille fut formée, la mère lui apprit à rentrer le ventre.

Par ailleurs, dans les livres, les images montraient d'autres héroïnes. La plupart avaient une longue chevelure blonde et souple qui semblait être la promesse d'une humeur douce et d'une grande bonté, tandis que les méchantes, les acariâtres étaient le plus souvent brunes. Certes, Blanche-Neige faisait exception, mais elle avait toutefois la peau blanche et non pas hâlée aux premiers rayons de soleil comme c'était le cas pour la fillette. Son teint mat, celle-ci le tenait de son père à qui, disait-on, elle ressemblait surtout. Son père, bien que français, était né par hasard en Espagne, ce qui acheva de créer la confusion dans son esprit. Rien d'autre ne motiva le choix d'apprendre l'espagnol au lycée, plutôt qu'une autre langue étrangère, et elle finit par penser qu'au fil des années son corps ressemblerait de plus en plus aux figures de danseuses espagnoles qu'on voyait pendant les vacances sur les affiches de flamenco : le chignon haut et noir et portant une robe à volants rouge, avec beaucoup d'expression dans le geste du bras, mais le ventre plat comme une réglette en bois.

La dactylo, qui n'était pas sotte et qui aurait préféré être institutrice, ne put s'empêcher de rêver pour sa fille d'un métier que sa propre origine trop modeste ne lui avait pas permis d'exercer. Elle lui communiqua son goût de la lecture. La fillette, qui se trouvait toujours plus égarée entre le fait de répondre au nom de « mi-laid » et le devoir de se conformer d'autant plus difficilement à un hispanisme exaltant qu'elle n'entendait plus parler du regard de braise, prit l'habitude de se retirer dans un coin de l'appartement pour y oublier ces malheureux tiraillements. Cet endroit était celui de la bibliothèque, en fait une ancienne porte condamnée où l'on avait fixé des planches. Là, elle employa la plus grande partie de son temps à lire tous les livres. Elle les lut les uns après les autres, non sans prendre la peine, ensuite, comme s'il s'agissait de laisser une trace de sa lecture, de les réparer adroitement lorsque la reliure menaçait, puis de les ranger en les classant avec soin. S'occupant ainsi, elle vit venir à elle une foule de nouveaux personnages. Dans la collection de la Bibliothèque rose, la Claudine du *Club des cinq*, qui se faisait appeler Claude, était une brune que l'on croyait d'abord méchante parce qu'elle avait la franchise et l'impertinence d'un garçon manqué. Finalement, elle sauvait son père de la convoitise d'une bande de voleurs. Hélas, la petite lectrice ne put se reconnaître en elle parce que ses cheveux courts n'étaient pas joliment bouclés comme ceux de l'héroïne. La Graziella de Lamartine eut le mérite de déplacer l'idéal méditerranéen en Italie, mais là ce fut une chevelure épaisse et longue *comme l'aile d'un corbeau battue du vent* qui fit défaut. Cette retraite dans la lecture favorisa un tempérament rêveur et, ce qui va souvent avec, une inclination pieuse, aussi la fillette s'absorba-t-elle très tôt dans les œuvres de Paul Claudel. *L'Annonce faite à Marie* la plongea dans la mélancolie. Elle aurait tant voulu s'identifier à Violaine qui était une sainte ! Mais une fois de plus sa complexion la mettait du côté de Mara, la sœur jalouse, *Mara la noire*, celle que sa mère elle-même traitait de *noirpiaude*. Le mot était mystérieux, mais on pouvait comprendre que naître avec la peau et les cheveux sombres n'était pas un bon présage.

Tant de modèles contradictoires ne pouvaient produire qu'une personnalité double. Il s'en forgea une quadruple ! La fillette paisible, accroupie au-dessus de son livre, entretenait un feu intérieur. La même, parce qu'elle était brune, se sentait solidaire de celles qui exprimaient trop de passion et donc des mauvais sentiments, tout en aspirant au fond d'elle-même à convertir cette passion en sainteté. Sans cesse, il se produisait chez elle un renversement de ce qui était apparent et caché dans son caractère. Tantôt elle était la sage qui réprimait son ardeur, tantôt elle était l'ardente qui ne désespérait pas de s'apaiser au contact d'une source intérieure, fraîche comme l'âme des petites saintes dont on lui parlait au catéchisme. Peu à peu, la fréquentation de la bibliothèque l'écartait des attentes de sa mère et du devoir de ressemblance avec son père. Quant à sa totale dissemblance avec son frère, elle confortait l'idée qu'il pouvait y avoir quelque anomalie au sein d'une famille. Dans le cahier où elle consignait les phrases qu'elle avait aimées au fil de ses lectures, elle en copia une de Balzac, trouvée dans *Une ténébreuse affaire* : *Rien ne forme l'âme comme une dissimulation constante au sein de la famille.* Ainsi devint-elle l'unique membre d'un complot dont le but était de se forger une personnalité secrète qui ne ressemblât à aucune autre, ceci quitte à revêtir toutes sortes d'apparences, pourvu qu'elles donnent le change et qu'on la laissât tranquille.

Je suis sexuellement attirée par Riquet. Imaginer ma personne en contact avec la sienne m'enlise dans une rumination lubrique. Je m'y vois dilatant ma propre image à la façon du génie qui surgit de la lanterne magique, me penchant au-dessus d'un vilain petit Aladin, enveloppant et recouvrant son corps tout ramassé. L'excitation tient à la disproportion entre nous. Pour une raison qui est sans justification morale recevable, qui relève plutôt de l'esthétisme social, avoir du goût pour la laideur est une chose honteuse, qu'il vaut mieux cacher, si bien qu'il y a avantage à faire porter ce goût sur des objets que l'on puisse caresser tout en les dissimulant. Ce qui assimile cette inclination à un plaisir solitaire. Soyons honnêtes : notre conception de la laideur est ancrée dans notre refoulement de la sexualité. Dire : « J'aime ces choses laides » équivaut à déclarer : « J'aime le vice. » On hésite à le faire, on ne s'y risque que lorsqu'on a toute confiance dans ses interlocuteurs, de même que l'on ne découvre son sexe que dans l'intimité. Les parties génitales sont les parangons de la laideur et, en un sens, cela tombe bien puisqu'elles ne sont pas si grandes et qu'il suffit de peu pour les habiller. La poche est souvent un substitut de braguette. Kurt Schwitters triturait-il longtemps et voluptueusement, au fond de sa poche, les déchets qu'il ramassait, avant d'en faire la matière d'œuvres d'art ? Je connais un amateur de caricatures graveleuses qui en conserve d'ignobles, pliées en quatre dans son portefeuille. Donc, Riquet, pour moi, est un nain. Et je m'insurge contre les représentations grotesques que l'on donne de lui dans la plupart des éditions illustrées des *Contes* de Perrault. Riquet n'est pas un clown qui prête à rire, c'est un hochet sexuel qui réclame qu'on s'empare de lui avec gravité, la même que celle du bébé qui apprend à saisir les objets. Il alimente quelques-uns de mes fantasmes. Par exemple : tandis que je retiens l'attention d'un auditoire par quelque considération sur l'art, il se tient tapi sous la table de conférence devant moi. Ou celui-ci, classique : nous sommes assis sur le banc d'un square, je me penche sur lui, et les promeneurs, de loin, pensent que je fais des mignardises à un enfant. Dans la plupart de ces histoires, mon buste exagérément étiré lui sert de manteau ; mon propre corps se vide de sa chair pour que toute la sensualité se loge dans l'objet qui y trouve sa cachette.

Il est bien dommage que le nanisme ne soit pas plus répandu dans le genre humain. Si être nain était aussi courant qu'être glabre ou velu, il va de soi que cette morphologie serait mieux endurée par ceux qui la possèdent comme par leur entourage. Mais c'est également le choix sexuel qui s'élargirait pour tout le monde. Peut-être continuerait-on de regarder, en fonction de nos canons, le nanisme comme une forme de laideur, mais sans lui attribuer la même valeur négative; il ne serait pas plus déplacé de dire qu'on préfère les nains ou les naines que de dire qu'on préfère les bruns ou les brunes, alors qu'on sait bien, dans notre culture, que c'est la blondeur qui s'approche au plus près de l'idéal de beauté. Pour ma part, ce que je perdrais en fantasmes d'une relation occulte avec un nain, je le gagnerais dans une plus grande diversité d'expériences. Je serais loin d'être la seule. Il m'est arrivé d'avoir pour amis des hommes très petits et qui n'étaient vraiment pas beaux. Eh bien! Ce que j'ai pu les voir cajolés, tripotés, sous prétexte de leur dire simplement bonjour, par de belles grandes femmes, qui ne se seraient pas affichées avec eux pour amants, mais qui n'en exprimaient pas moins, dans ces moments, un violent et obscène désir. Si la moitié de l'humanité mâle était naine, ces femmes pourraient sans complexe assouvir ce désir.

Moi-même, qui ai eu un grand nombre de partenaires sexuels, je n'ai jamais connu de nain. Est-ce par une sorte de regret inconscient que j'aime observer les personnes de petite taille qui, sans être atteintes de ce que nous considérons comme une difformité, présentent des caractéristiques qui s'en approchent ? Leur tête paraît grande proportionnellement à leur corps, avec un crâne assez large, leurs membres sont courts. Comme devant un nain, on a l'impression que leur croissance a obéi à un principe plus horizontal que vertical. Elles sont souvent costaudes, présentent une poitrine développée, parfois bombée, et des cuisses musclées dont on peut croire que le poids fait pencher les petites jambes. Lorsque je rencontre des gens ainsi faits, ou plus généralement lorsque je croise dans la rue quelqu'un qu'une malformation ou une mutilation rend remarquable, j'ai toujours le réflexe de me mettre au défi : « Est-ce que je pourrais avec lui ? » Ce qui est une façon de se demander : « Y a-t-il vraiment un écart si grand entre cette personne et moi qui justifie que nous ne nous mélangions pas, comme deux espèces qui ne pourraient s'accoupler ? »

C'était un début d'après-midi de printemps, un de ces jours où la lumière blanche délave d'un coup les rues de Paris. Le trottoir, les tables et les chaises en plastique de la terrasse du café étaient aussi blancs. Tout le monde était assis sauf cette femme si petite qu'elle n'était pas plus haute, debout, que les autres. Elle n'était pas naine mais elle en avait certains traits que l'âge accentuait. Son torse formait un bloc seulement partagé par la saignée creusée dans sa taille épaisse par le cordon du tablier. La mâchoire était épatée, faute d'être soutenue par un dentier ; elle avait la bouche fendue qui redonne aux vieillards leur visage pleurard de nouveau-né. Elle était concierge de l'immeuble à côté, je la croisais souvent. Je ne lui avais jamais adressé la parole mais elle me donna accès, là, à son intimité infernale. Le gérant du café était assis au milieu de ses clients. C'était un homme jeune, grand, maigre, le buste plat, formant un trapèze trop accusé au-dessus de sa taille fine. La presque naine lui passait à droite, à gauche, ne cessant de marmonner entre ses lèvres maigres, tandis que lui ne bougeait pas son profil aquilin, son regard traversant la chaussée et même la vitrine d'en face. « Hum, disait-elle, je ferais bien ça avec toi. Assis sur une chaise, la femme dessus, tu l'as déjà fait ? C'est bon, tu sais. C'est moi qui ferai tout. Si tu veux, je te donnerai de l'argent... » Lui ne bronchait pas, ne quittait pas un sourire si pâle qu'il n'était peut-être que son air naturel, avenant. Il était un géant que le moustique n'arrache pas à son rêve. Il était dans la retraite de ce rêve tandis qu'elle piétinait sur l'asphalte, et la distance entre eux était si grande, plus grande encore à cause de la différence de taille, qu'elle ouvrait une sorte de gouffre plus troublant que si les deux avaient fini par s'embrasser sur la bouche. Je ne pouvais pas être la seule à l'entendre, mais il n'y eut aucun regard de connivence échangé d'une table à l'autre. La scène était plus invisible que si elle avait été effectivement cachée. Et pourtant, elle mettait en place une représentation érotique d'une violence inouïe, que ceux qui avaient l'oreille assez fine ne pouvaient pas ne pas avoir, par l'imagination, sous les yeux. Combien furent choqués ? dégoûtés ? excités ? Ce dernier cas fut le mien. Les deux rejouaient trop bien, en échangeant les rôles masculin et féminin, mes propres fabulations avec un nain. À la terrasse tranquille, une orgie virtuelle se donna libre cours un moment, jusqu'à ce que quelqu'un réclame à voix haute l'addition.

N'étaient ses yeux enfoncés, la commère impudique aurait pu être comparée, comme le veut le jugement commun, à un crapaud. Sur le versant de la laideur, ce type physique a ma préférence, surtout si les yeux sont globuleux, ou du moins grossis par des verres épais, c'est-à-dire s'ils laissent supposer une curiosité à aller voir là où seul peut s'introduire un petit corps tassé. Mon collectionneur d'images sales appartient à cette catégorie et je me souviens d'ailleurs qu'il me déplia ses trésors, sortis de sa poche revolver, à la terrasse ensoleillée d'un café. N'est-ce pas à travers ce genre de coïncidence que notre imaginaire associe des figures, les marie, afin de nous aider à fixer notre libido sur quelque archétype ? J'ai ainsi dans mes souvenirs toute une généalogie de crapauds. Le corps asexué de la concierge, le statut de vieux garçon du collectionneur d'images, qui laissait planer le doute sur ses préférences sexuelles et même sur le fait qu'il ait eu des relations sexuelles, me font prendre conscience de l'ambivalence du crapaud. Le crapaud est attirant du fait de sa plasticité sexuelle.

Et l'inconscient est un sacré malaxeur. Ainsi le mien me fait-il regarder une personne très grande comme si elle était un crapaud, en quelque sorte un géant-nain. Dans le film de Jacques Nolot qui s'intitule *La Chatte à deux têtes* apparaît une figure de travesti, massive, le visage rendu caricatural par une perruque et une paire de lunettes à monture épaisse. On la voit s'affaisser sur un fauteuil de cinéma porno – celui-ci étant surtout un lieu de rencontres – et, dans cette position, devenir comme un insecte tombé sur le dos. Animal, ou bébé nu, bras et jambes largement ouverts, dont s'approchent une théorie de bonnes fées, les unes le touchant du bout de leur verge en érection, les autres le caressant énergiquement. La chair qui est celle d'une personne âgée n'a plus beaucoup de consistance et se prête merveilleusement bien au tripotage. Voici donc, parfaitement soumise à la gravité, l'idole qui incarne l'entropie du plaisir. Les hommes qui l'entourent, occupés avec tant de sérieux à donner et recevoir ce plaisir, sont des artistes penchés au-dessus de leur œuvre, insufflant l'humanité à une matière qui s'échappe. Ils ont la tendresse pathétique du sculpteur de Zola lorsqu'il reçoit dans ses bras, au milieu de son atelier glacé, son chef-d'œuvre, sa *Baigneuse* de glaise, sa grande machine, qui ne résiste pas à la chaleur du poêle que l'artiste enfin vient d'allumer, et qui tremble et s'écroule douloureusement et amoureusement sur son créateur. Mahoudeau, le sculpteur, d'abord ramasse en sanglotant les morceaux de corps au sol. Puis il soupire : sa *Baigneuse*, il la fera *couchée*, il avait eu *tant de peine à la mettre debout*, il la trouvait *si grande!* Oh, jubilation masochiste de celui qui ne verra pas son œuvre vivre par elle-même et lui échapper, et qui la retient contre lui, fût-elle horriblement défigurée! Oh, jouissance de celui qui se penche sur un objet, le couve et le fait sien d'autant mieux que l'objet est si laid, et si mal fait, qu'il peut douter qu'il ait même une forme!

Au sortir de la projection, l'amie qui est venue voir le film de Nolot avec moi dit que cette scène est celle qui l'a le plus touchée. Elle lui a fait, comme à moi, de l'effet. Nous nous sommes identifiées au corps qui s'abandonne d'autant mieux qu'il est défait et dont chacun autour saisit une partie. Extase du dépeçage. Simultanément, nous avons dû nous glisser dans le groupe attentif qui forme berceau. Ravissement de tenir en son giron. Si le personnage travesti était resté debout, tout en se livrant à la même occupation, je suis persuadée qu'il ne nous aurait pas émues de la même façon. Une personne très laide, mais de grande taille, n'est jamais que d'une laideur relative parce qu'elle a néanmoins une sorte d'autorité qui tient à distance. Par exemple, la Bête, dans le conte de *La Belle et la Bête*, n'est pas seulement affreuse, elle est aussi terrifiante et démontre une puissance qui n'est pas sans séduction. Alors que pour juger de ce qui est petit, il faut être tout près. Il faut s'y frotter. Et la vision rapprochée, qui entraîne le toucher, n'épargne aucun défaut, aucune ride de la peau, aucune excroissance, et même les exagère monstrueusement. Un toupet ébouriffé semblera une tignasse hirsute. Le philosophe Jean-Paul Sartre, qui lui-même était un homme laid et de petite taille, mais qui avait séduit ce qu'on appelle une belle femme qui le dépassait de quelques centimètres, a pertinemment résumé cet intéressant paradoxe. Selon lui, si la laideur *repousse*, c'est bien qu'elle nous a d'abord attirés à elle, qu'*on la touche*. Dans le film de Cocteau, la Bête, ayant abandonné de sa hauteur, vient se mettre au pied de la Belle qui caresse sa crinière. *Vous me flattez comme un animal*, regrette-t-elle. La Belle ne sait pas mentir : *Mais vous êtes un animal !* La Bête a peur de faire peur. Plus tard la Belle avoue : *J'aime avoir peur... avec vous.*

J'aime Riquet d'un amour qui ressemble à de la nostalgie. Je faisais tant d'efforts lorsque j'étais enfant pour que le miroir où je m'admirais me renvoie l'image d'une sorte de petite gitane, et pourtant je n'osais pas dire à quel point j'étais folle de Quasimodo ! J'aimais la Bête aussi, mais mon désir pour elle était moins violent parce que je n'étais pas blonde. En tout cas, je partageais la déception à peine exprimée de Belle lorsque la Bête prend l'apparence d'Avenant, le séduisant jeune homme qui la courtisait. Parce qu'elle était tue, et même vaguement perçue comme inavouable, mon inclination participait à ce complot que j'ourdissais au sein de la famille. Je me trouvais des affinités que ni ma mère ni mon père n'auraient pu partager. Mon attirance pour le monstre restait enfouie dans ce genre de rêveries qui sont les plus secrètes parce qu'elles accompagnent des actes interdits. Comme j'ai regretté qu'Esmeralda meure plutôt que de se terrer avec Quasimodo dans une niche de la cathédrale, dans un espace tellement étroit qu'ils n'auraient pu y survivre que collés comme des siamois. Peut-être qu'à force une bosse lui serait sortie du dos à elle aussi, et cette pensée relançait mon trouble. Je creusais des cavernes sous les couvertures où je ne pouvais tenir qu'assise et repliée sur moi-même, ne ménageant comme vide que l'espace entre mes jambes pliées et légèrement écartées, et où n'aurait pu tenir qu'un compagnon pas plus grand qu'une poupée. Réduits, cabanes, les habitations que j'inventais n'accueillaient que moi seule, ou bien m'accueillaient tout juste avec un autre que je devais protéger, mais un autre indistinct, que je ne pouvais pas nommer, matière de l'imaginaire que celui-ci ne menait jamais jusqu'au terme d'une forme achevée, et que je ne pouvais donc pas voir. Mais n'était-ce pas que je créais de telles conditions d'osmose avec ce jouet qu'il m'était impossible, en fait, de retourner mon regard vers moi-même ? L'aurais-je pu, aurais-je osé ?

* * *

La pièce attenante à celle où se trouvait la bibliothèque était appelée « la chambre des enfants ». Dans cette chambre et dans un angle qui était symé-

42

trique à celui de la bibliothèque, il y avait un grand miroir dans un cadre doré. Il arriva que l'enfant qui faisait tant de rencontres par la magie des livres se sentît bien seule lorsqu'il lui fallait quitter sa lecture, pour partager le repas familial ou les jeux de son frère. Aussi, lorsque ce dernier était absent (car, s'il avait été là, il se serait mis à rire et se serait moqué d'elle), elle s'asseyait par terre devant le miroir et passait de longs moments à l'interroger. Elle n'était pas surprise qu'il lui répondît ! Elle voyait s'y succéder de nombreuses personnes qui venaient se placer en face d'elle et qui lui faisaient la conversation. Certes, aucune de ces personnes n'avait de figure bien définie, mais elle pouvait croire que c'étaient des adultes ayant quelque autorité ou notoriété, comme des écrivains, des acteurs de cinéma, des présentateurs de télévision. Ils s'adressaient à elle comme si elle était elle-même déjà une adulte. L'espace dans le miroir était celui de sa vie à venir. Depuis longtemps, la fillette forgeait tellement d'histoires dans sa tête, où elle était tantôt une sauvageonne fière et vive, tantôt une sœur jalouse, tantôt un vilain petit canard, tantôt une enfant pieuse, fervente et orgueilleuse, qu'elle était bien contente de ne plus rencontrer son image dans le miroir et d'y laisser errer son regard comme dans une fumée où se dessinent des visions éphémères.

Quand le cercle familial se réunissait pour une fête, elle ne se mêlait pas aux autres. Ou elle ne répondait rien à ce qu'on lui demandait, parce qu'il lui semblait qu'en vérité il y aurait eu trop de réponses à donner, ou elle disait une incongruité, de sorte qu'on ne pouvait s'empêcher de lui reprocher d'être une sotte voulant faire son intéressante. Le miroir ranimait sa confiance. Il lui adressait des questions mieux formulées que celles des personnes de son entourage et elle y répondait de manière argumentée. Comme il la voyait mélancolique, bien qu'elle ne l'avouât pas, de ne plus être l'objet d'autant de louanges pour la beauté de ses yeux, il lui fit valoir qu'un grand nez révèle du caractère et fait qu'on vous aime pour celui-ci. Hélas, elle se présenta un jour affligée d'une paire de lunettes posée sur ce nez. Elle était devenue myope et la pauvre enfant pensait mourir de honte d'avoir perdu son plus grand avantage.

« Qu'à cela ne tienne ! Avec ces lunettes, n'était-elle pas à même de mieux considérer les choses et les gens, et n'était-ce pas une autre forme d'avantage ? Ne plus être au centre de la compagnie ne faisait-il pas d'elle une observatrice qui aurait tout loisir d'exercer son esprit critique ?

– Cela est vrai, se dit la fillette, mais je suis encore jeune et ignorante, et c'est d'être incapable de tout comprendre et d'exprimer ce que je comprends que vient l'exaspération qui me tue.

– On ne manque pas d'intelligence si l'on est capable d'en mesurer la limite. Un imbécile ne doute jamais de ses facultés. Le propre de l'intelligence est que, plus on en a, plus on craint d'en manquer. Et plus il semble que cette faculté rencontre des obstacles, plus elle s'accroît. »

La fillette avait une si grande envie d'acquérir cette faculté qu'elle imagina qu'avec le temps une intelligence absolue du monde lui viendrait.

« J'ai le pouvoir, continua-t-elle de raisonner, d'exercer mon intelligence sur toutes sortes d'objets. Avec de la patience et de la méthode, il n'est rien que je ne saurais comprendre. Il ne tiendra qu'à ma volonté d'accumuler les connaissances et de les mettre dans le bon ordre. »

Sa famille ne savait que penser de son caractère indépendant qui la rendait parfois secrète, ni de ses propos extravagants. Il n'y eut que son frère qui, en grandissant, était de coléreux devenu ombrageux, et qui partageait avec elle le goût de se tenir à l'écart. Arriva le moment où la fillette fut une jeune femme. Sa myopie, en lui faisant tout regarder de très près, avait aidé au développement de son esprit d'analyse au point qu'on finit par écouter son avis et qu'on lui demanda même de le donner dans des journaux.

Comme elle n'était décidément pas bête, elle comprit que l'on venait d'autant plus à elle qu'on trouvait remarquable que des idées aussi claires fussent exprimées par une jeune personne. Or, sauf à être d'une franche laideur, une jeune personne est habituellement regardée comme ayant un physique agréable.

« Toutefois, constata la jeune femme, n'est-il pas extraordinaire qu'on m'adresse des compliments sur ma morphologie tant qu'on approuve ce que je dis, tandis que je semble ne plus avoir de corps lorsqu'on les désapprouve ? »

Depuis longtemps, elle ne s'asseyait plus devant le miroir mais elle continuait de dialoguer avec les figures qu'elle y avait vues apparaître.

« Détrompe-toi, ceux qui méprisent tes idées peuvent en effet ne pas te voir, mais ils peuvent pareillement ne voir en toi qu'un objet séduisant. Dans ce cas, ils te considèrent exactement de la même façon que si tu étais très belle puisque, pour l'esprit commun, on ne peut pas tout avoir et il est entendu qu'une personne qui a la beauté ne saurait avoir en même temps l'intelligence.

— J'ai moi-même partagé cet esprit commun, car c'est sans doute parce que je ne me trouvais pas assez belle que j'ai voulu devenir intelligente. J'ai manqué d'ambition; sans renoncer à lire Claudel, Balzac et Lamartine, j'aurais dû me faire refaire le nez.

— Si tu as toi-même mesuré ton intelligence par rapport à une appréciation de ta personne physique, pourquoi voudrais-tu que les autres ne fassent pas de même ? Aurais-tu atteint la perfection du corps et de l'esprit, tu n'empêcherais pas que les autres jugent de l'un par rapport à l'autre et cela de façon très différente selon leurs priorités ou leur humeur. Certains te verront belle parce qu'ils te trouveront l'esprit fin, d'autres te trouveront vilaine pour la même raison. Enfin, il y aura ceux qui regarderont ta mine ingrate comme la preuve de ta stupidité, d'autres qui s'étonneront de son contraste avec ton intelligence.

– Si c'est ainsi, autant choisir ! Et, puisqu'il me semble que je contrôle mieux ma pensée, je veux bien me séparer de mon apparence physique et la laisser à la seule appréciation des autres, tandis que je m'appliquerai à être chaque jour plus intelligente. »

Telle fut la résolution de la jeune femme. La chose fut facilitée par le fait qu'elle n'était ni effroyablement laide, ce qui aurait fait fuir, ni merveilleusement belle, ce qui aurait d'une autre façon mis une distance entre elle et les autres. En quelque sorte, chacun était libre de la trouver ou non séduisante, et elle abandonnait volontiers à chacun la décision de franchir ou pas l'espace qui transformait l'image qu'il se faisait d'elle en un corps qu'il pouvait enlacer. Comme les années passaient, ce corps, dont elle prenait soin sans chercher à contredire ni à corriger l'image que les uns et les autres s'en faisaient, se révéla être une cachette idéale où dissimuler le don d'observation et le développer impunément. Pendant qu'on s'occupait éventuellement de son corps et qu'on l'explorait, elle avait la liberté de porter son attention sur l'entourage et même d'en pénétrer les désirs et les intentions. Mais son discernement rencontra bientôt une borne qui n'était pas prévue. Elle pénétrait si loin dans la pensée des autres qu'elle était toujours en mesure de prendre leur place et de considérer les choses depuis leur point de vue. Plus elle était intelligente et plus elle avait de la peine à forger sa propre opinion et à prendre des décisions. Elle se devait d'adopter d'abord le point de vue de tout le monde autour d'elle, et elle le faisait si bien que parfois elle s'égarait dans ce long examen comme dans une forêt et devenait incapable de retrouver son propre chemin. Il lui restait toutefois assez de jugement pour faire ce constat : elle n'était pas mieux lotie que si elle avait été très belle et très bête ; elle disparaissait pareillement dans le désir des autres. L'intelligence ne la mettait pas dans une condition meilleure que la bêtise.

*   *   *

Quand les enfants de mon âge rêvaient peut-être du château de la Belle au bois dormant ou du palais enchanté de la Bête, je m'imaginais, moi, réfugiée au fond d'un trou à rats. Je m'y voyais jetée comme une pauvresse, recroquevillée, dans une attitude où je ne pouvais accueillir qu'un beaucoup plus petit que moi, que je protégeais. Ainsi se dessinait mon accession à la sainteté... J'étais comme Violaine, la lépreuse qui habite une caverne. Mon rêve s'égarait dans l'impossible représentation de cette *hor-reur*. Cette femme *en ruine* qui toutefois

51

prend sur son sein l'enfant mort de sa sœur et le ressuscite. Je m'abîmais dans cette pensée : l'enfant, né de Mara avec les yeux noirs de sa mère, lui est rendu avec les yeux bleus, engloutis, de la lépreuse. Quand j'y pense aujourd'hui, quelle étrangeté que cette aspiration vers une figure qui ne permet l'identification dans aucun sens du mot : Violaine à l'écoute du désir des autres, des injonctions violentes de sa sœur, et d'abord de l'amour de Pierre, l'architecte lépreux à qui elle a donné un baiser, et qui devient une indistincte forme noire. Une figure qui a si peu forme humaine qu'on la traite de *sans-figure*, ce qui doit lui être bien égal, en vérité, puisqu'elle proteste quand elle est encore belle : *Je ne suis pas une image !* Il fallait que je retienne cette phrase ! J'avais là de quoi méditer, moi qui cherchais mon image dans les héroïnes des livres et dans le miroir où je rencontrais les images dont les autres m'habillaient ! Il est bien possible que, dans un conte, un prince difforme se métamorphose en prince charmant par la seule grâce du désir de la princesse qui en tombe amoureuse. Mais dans la vie ! Dans la vie qui se reflète au théâtre ? Quand quelqu'un se doit de répondre aux attentes des autres qui projettent sur lui leurs désirs, n'en est-il pas comme boursouflé, couvert de bubons et d'ulcérations d'une certaine sorte qui font de lui un monstre ? Si j'avais été aussi intelligente que je le souhaitais, j'aurais compris que de toutes les façons le corps a son destin qui échappe à la raison aussi bien qu'à la bonté. Violaine mène si loin son sacrifice qu'en effet elle accélère la décrépitude de son apparence, mais cela ne fait qu'une différence négligeable de temps, une infime contraction de la vie qui n'est rien en regard de l'éternité. Et Riquet, Riquet qui donne en partage son esprit et qui croit recevoir en échange la beauté, est-ce qu'il ne se fait pas avoir ? Certes, il gagne l'amour de la princesse mais, hors le regard de celle-ci, le pauvre ne conserve-t-il pas sa bosse, ne continue-t-il pas de loucher et d'arborer un gros nez rouge ? Et n'a-t-on pas de bonnes raisons de penser que l'amour de la princesse tient à ces disgrâces – même si elle préfère ne pas se l'avouer – et au plaisir de garder près d'elle et pour elle seule l'objet de cet amour qu'elle peut ainsi façonner à sa guise ?

Le métier de critique d'art a ceci de particulier, surtout s'il s'agit d'art contemporain, de confronter à la diversité des œuvres qui toutes obéissent à des règles propres, ce qui contraint le critique – à condition qu'il ne soit pas dogmatique – d'oublier à chaque nouvelle approche ce qu'il sait déjà, au moins provisoirement, en tout cas de ne surtout pas avoir d'a priori. C'est une activité où l'on peut, comme on dit, se disperser, voire s'égarer. On comprendra donc que le critique, qui passe beaucoup de temps à regarder le monde à travers le point de vue des artistes auxquels il consacre des études, et qui s'efforce de pénétrer le plus loin possible dans leurs intentions, éprouve à un moment donné le besoin de trouver son propre chemin parmi toutes les pistes offertes à son exploration. Cette fois, c'est lui qui choisira l'objectif sur lequel concentrer l'attention. Avec un mélange de revanche et de déformation professionnelle, il s'arrangera quand même pour que beaucoup d'autres se tournent simultanément vers le même objectif, et il empruntera encore à certains leur regard. Voilà comment je me suis trouvée écrire *La Vie sexuelle de Catherine M.*, livre dans lequel je me suis plu à mettre en pleine lumière ce qui d'habitude n'est jamais exposé et où je me suis amusée à entrecroiser le regard que je porte sur moi-même et les images que d'autres font, et se font, de moi.

Catherine M. est une appellation pratique. Normalement, dans un écrit, on utilise la simple initiale pour désigner une personne soit comme une abréviation fonctionnelle, parce que tous les usagers du texte comprendront immédiatement de qui il s'agit, soit, au contraire, dans un article de journal par exemple, pour dissimuler l'identité du sujet. M. sert à tout ça. Pour différencier des tâches d'*art press* le courrier et le classement concernant *La Vie sexuelle...*, je dis à la jeune femme qui m'aide dans ce travail : « C'est du Catherine M. », ou bien : « On va faire du Catherine M. » Et donc, sous cette rubrique, nous rangeons la masse d'informations qui nous parvient sur cette figure fourre-tout et qui finit par devenir une sorte de concept générique : les articles laudateurs, les pinailleurs, les insultants, et ceux qui sont écrits dans des langues que nous ne comprenons pas, les lettres d'amour, les propositions de rendez-vous adressées par des libertins, les demandes de rendez-vous envoyées par des étudiantes, les confessions, les conseils, les études, littéraires, psychanalytiques, quelques caricatures et les photos de presse. Les photos ! Comme ce n'est pas mon métier d'avoir à forger et d'imposer une image de moi, et que je suis suffisamment docile pour me plier aux quatre cents volontés des photographes, ce dossier fournit un éventail extrêmement large, au choix : odalisque, écolière, prof, romantique, coquine, renfrognée, marrante, grave, jolie, moche, l'air jeune, marqué, etc. Et ça, c'est comment les photographes voient l'auteur de *La Vie sexuelle de Catherine M.* Au-delà, il y a comment les lecteurs des journaux voient les photos. Certains me transmettent leurs compliments, mais d'autres s'étonnent qu'avec le physique qui est le mien j'aie pu avoir autant d'amants. L'auteur d'un article paru dans la revue *Critique* décelait dans ma figure *un léger prognathisme*. La bête en moi lui était apparue. Si je décidais aujourd'hui de poursuivre mon autoportrait en ayant recours comme la première fois aux suggestions des autres, j'aurais sous les yeux bien trop d'images pour espérer un jour finir de déchiffrer le cadavre exquis. Il ne me serait pas plus utile d'interroger un miroir, car il serait de ce genre de miroir déformant qui vous renvoie tantôt le portrait d'un nain obèse, tantôt celui d'un géant maigre et tordu, dans tous les cas une image instable, d'autant qu'il y aurait plein de voix autour de moi pour s'écrier à chaque anamorphose : « Ah, là, c'est tout à fait vous ! » Pour le coup, je serais délicieusement punie de mon narcissisme, disposant de tant de reflets de moi-même que je pourrais me noyer dans le flot, ne plus savoir qui je suis. C'est-à-dire qu'en plus d'être faite de parties disparates, autrement dit d'être monstrueuse, je serais folle.

Adolescente, je souffrais beaucoup de ne pouvoir m'accorder à des modèles qui n'étaient pas tous compatibles, ce qui me plongeait, comme tous les gens de cet âge, dans un doute très angoissant. Lorsque je me regardais dans une glace, soit je désespérais de ne pas y retrouver le personnage que je croyais avoir façonné, soit je me rendais bien compte que cette mise en plis que je m'étais fait faire pour obtenir des boucles, ou, à un autre moment, ces mèches que j'avais laissées pousser plus bas que les épaules, venaient autour de ma figure comme ces coiffures en carton qu'on attache à l'aide de pattes repliées sur des figurines découpées dans la même feuille de carton, et qui ne tiennent pas bien. À peu près à la même époque, j'ai commencé à orienter différemment l'exploration de ma personne et à vouloir me faire une image de parties de mon corps moins facilement accessibles. Comme je soupçonnais que ces parties secrètes pouvaient avoir une conformation plus compliquée qu'un nez au milieu de la figure, j'en attendais peut-être la révélation d'une identité, comme avec des empreintes digitales. J'inaugurai donc une nouvelle position devant la glace qui ne satisfit malheureusement pas ma curiosité. L'espace qui s'ouvrait restait sombre, l'éclairage ne convenait jamais, et de toute façon ce qu'il y avait au fond ne se présentait pas nettement. De plus, la position ne me permettait pas d'approcher les yeux du reflet, or j'étais déjà myope. Il restait donc à compléter la vision imprécise par la palpation.

L'objet offrait une plasticité qui s'y prêtait bien. Il avait une consistance molle au point que, faute de pouvoir le vérifier parfaitement, je pouvais le croire sans forme propre, ce qui est comme être à l'état rudimentaire, ou, à l'opposé, comme un déchet. Je devinais une petite masse chiffonnée, et un médecin qui m'examinait avait un jour remarqué à voix haute qu'il était particulièrement pigmenté, marron foncé, presque noir. Cela laissait-il entendre que cette partie du corps, jamais exposée à la lumière, était comme une fleur fanée avant même qu'on lui eût apporté le moindre soin ? Était-ce le stigmate donné à la naissance et qui, comme le premier nodule de lèpre, annonce la flétrissure qui s'étendra plus tard ? Je gardais donc à l'abri de mon corps apparent une sorte de second corps, qui, pour l'heure, ne semblait pas avoir encore de continuité ni de ressemblance avec le premier, tellement dépourvu de contour clair quand l'autre s'efforçait de rendre éclatante sa singularité qu'il ne semblait même pas correspondre à une conformation humaine. Plutôt une poignée de pâte à modeler qu'on aurait triturée et laissée telle, ayant détruit ce qu'elle représentait.

Quoi qu'il en soit, j'apprivoisai ce corps second comme un petit animal des profondeurs, l'araignée ou le rat dégoûtants mais inoffensifs dont on finit par accepter qu'ils vous rendent visite le soir. Comme il est bien difficile de saisir l'image d'un objet informe, des années plus tard je décidai d'avoir recours aux mots et de lui consacrer tout un livre, ainsi que je l'avais sans doute prévu, longtemps auparavant, quand m'accroupissais devant la bibliothèque chez mes parents. Il avait fallu que je traverse les images, et que je les laisse, pour trouver ma manière à moi de dire les choses.

*   *   *

Moralité

*Ce que l'on voit à travers
ce qui est écrit
sont moins des images en l'air
que la vérité même.*

RIQUET À LA HOUPPE

Conte de Charles Perrault

Il était une fois une Reine qui accoucha d'un fils, si laid et si mal fait, qu'on douta longtemps s'il avait forme humaine. Une Fée qui se trouva à sa naissance assura qu'il ne laisserait pas d'être aimable, parce qu'il aurait beaucoup d'esprit; elle ajouta même qu'il pourrait, en vertu du don qu'elle venait de lui faire, donner autant d'esprit qu'il en aurait à la personne qu'il aimerait le mieux. Tout cela consola un peu la pauvre Reine, qui était bien affligée d'avoir mis au monde un si vilain marmot. Il est vrai que cet enfant ne commença pas plus tôt à parler qu'il dit mille jolies choses, et qu'il avait dans toutes ses actions je ne sais quoi de si spirituel, qu'on en était charmé. J'oubliais de dire qu'il vint au monde avec une petite houppe de cheveux sur la tête, ce qui fit qu'on le nomma Riquet à la houppe, car Riquet était le nom de la famille.

Au bout de sept ou huit ans la Reine d'un Royaume voisin accoucha de deux filles. La première qui vint au monde était plus belle que le jour : la Reine en fut si aise, qu'on appréhenda que la trop grande joie qu'elle en avait ne lui fît mal. La même Fée qui avait assisté à la naissance du petit Riquet à la houppe était présente, et pour modérer la joie de la Reine, elle lui déclara que cette petite Princesse n'aurait point d'esprit, et qu'elle serait aussi stupide qu'elle était belle. Cela mortifia beaucoup la Reine ; mais elle eut quelques moments après un bien plus grand chagrin, car la seconde fille dont elle accoucha se trouva extrêmement laide. « Ne vous affligez point tant, Madame, lui dit la Fée ; votre fille sera récompensée d'ailleurs, et elle aura tant d'esprit, qu'on ne s'apercevra presque pas qu'il lui manque de la beauté. – Dieu le veuille, répondit la Reine ; mais n'y aurait-il point moyen de faire avoir un peu d'esprit à l'aînée qui est si belle ? – Je ne puis rien pour elle, Madame, du côté de l'esprit, lui dit la Fée, mais je puis tout du côté de la beauté ; et comme il n'y a rien que je ne veuille faire pour votre satisfaction, je vais lui donner pour don de pouvoir rendre beau ou belle la personne qui lui plaira. » À mesure que ces deux Princesses devinrent grandes, leurs perfections crûrent aussi avec elles, et on ne parlait partout que de la beauté de l'aînée, et de l'esprit de la cadette. Il est vrai aussi que leurs défauts augmentèrent beaucoup avec l'âge. La cadette enlaidissait à vue d'œil, et l'aînée devenait plus stupide de jour en jour. Ou elle ne répondait rien à ce qu'on lui demandait, ou elle disait une sottise. Elle était avec cela si maladroite qu'elle n'eût pu ranger quatre Porcelaines sur le bord d'une cheminée sans en casser une, ni boire un verre d'eau sans en répandre la moitié sur ses habits. Quoique la beauté soit un grand avantage dans une jeune personne, cependant la cadette l'emportait presque toujours sur son aînée dans toutes les Compagnies. D'abord on allait du côté de la plus belle pour la voir et pour l'admirer, mais bientôt après, on allait à celle qui avait le plus d'esprit, pour lui entendre dire mille choses agréables ; et on était étonné qu'en moins d'un quart d'heure l'aînée n'avait plus personne auprès d'elle, et que tout le monde s'était rangé autour de la cadette. L'aînée, quoique fort stupide, le remarqua bien, et elle eût donné sans regret toute sa beauté pour avoir la moitié de l'esprit de sa sœur. La Reine, toute sage qu'elle était, ne put s'empêcher de lui reprocher plusieurs fois sa bêtise, ce qui pensa faire mourir de douleur cette pauvre Princesse. Un jour qu'elle s'était retirée dans un bois pour y plaindre son malheur, elle vit venir à elle un petit homme fort laid et fort désagréable, mais vêtu très magnifiquement. C'était le jeune Prince Riquet à la houppe, qui étant devenu amoureux d'elle sur ses Portraits qui couraient par tout le monde, avait quitté le Royaume de son père pour avoir le plaisir de la voir et de lui parler. Ravi de la rencontrer ainsi toute seule, il l'aborde avec tout le respect et toute la politesse imaginable. Ayant remarqué, après lui avoir fait les compliments ordinaires, qu'elle était fort mélancolique, il lui dit : « Je ne comprends point, Madame, comment une personne aussi belle que vous l'êtes peut être aussi triste que vous le paraissez ; car, quoique je puisse me vanter d'avoir vu une infinité de belles personnes, je puis dire que je n'en ai jamais vu dont la beauté approche de la vôtre. – Cela vous plaît à dire, Monsieur », lui répondit la Princesse, et en demeure là. « La beauté, reprit Riquet à la houppe, est un si grand avantage qu'il doit tenir lieu de tout le reste ; et quand on le possède, je ne vois pas qu'il y ait rien qui

puisse nous affliger beaucoup. – J'aime-
rais mieux, dit la Princesse, être aussi
laide que vous et avoir de l'esprit, que
d'avoir de la beauté comme j'en ai, et être
bête autant que je le suis. – Il n'y a rien,
Madame, qui marque davantage qu'on a
de l'esprit, que de croire n'en pas avoir,
et il est de la nature de ce bien-là, que
plus on en a, plus on croit en manquer.
– Je ne sais pas cela, dit la Princesse, mais
je sais bien que je suis fort bête, et c'est
de là que vient le chagrin qui me tue. – Si
ce n'est que cela, Madame, qui vous
afflige, je puis aisément mettre fin à votre
douleur. – Et comment ferez-vous ? dit
la Princesse. – J'ai le pouvoir, Madame,
dit Riquet à la houppe, de donner de
l'esprit autant qu'on en saurait avoir à la
personne que je dois aimer le plus, et
comme vous êtes, Madame, cette personne, il ne tiendra qu'à vous que vous
n'ayez autant d'esprit qu'on en peut
avoir, pourvu que vous vouliez bien
m'épouser. » La Princesse demeura toute
interdite, et ne répondit rien. « Je vois,

reprit Riquet à la houppe, que cette proposition vous fait de la peine, et je ne m'en étonne pas ; mais je vous donne un an tout entier pour vous y résoudre. » La Princesse avait si peu d'esprit, et en même temps une si grande envie d'en avoir, qu'elle s'imagina que la fin de cette année ne viendrait jamais ; de sorte qu'elle accepta la proposition qui lui était faite. Elle n'eut pas plus tôt promis à Riquet à la houppe qu'elle l'épouserait dans un an à pareil jour, qu'elle se sentit tout autre qu'elle n'était auparavant ; elle se trouva une facilité incroyable à dire tout ce qui lui plaisait, et à le dire d'une manière fine, aisée et naturelle. Elle commença dès ce moment une conversation galante et soutenue avec Riquet à la houppe, où elle brilla d'une telle force que Riquet à la houppe crut lui avoir donné plus d'esprit qu'il ne s'en était réservé pour lui-même. Quand elle fut retournée au Palais, toute la Cour ne savait que penser d'un changement si subit et si extraordinaire, car autant qu'on lui avait ouï dire d'impertinences auparavant, autant lui entendait-on dire des choses bien sensées et infiniment spirituelles. Toute la Cour en eut une joie qui ne se peut imaginer ; il n'y eut que sa cadette qui n'en fut pas bien aise, parce que n'ayant plus sur son aînée l'avantage de l'esprit, elle ne paraissait plus auprès d'elle qu'une Guenon fort désagréable. Le Roi se conduisait par ses avis, et allait même quelquefois tenir le Conseil dans son Appartement. Le bruit de ce changement s'étant répandu, tous les jeunes Princes des Royaumes voisins firent leurs efforts pour s'en faire aimer, et presque tous la demandèrent en Mariage ; mais elle n'en trouvait point qui eût assez d'esprit, et elle les écoutait tous sans s'engager à pas un d'eux. Cependant il en vint un si puissant, si riche, si spirituel et si bien fait, qu'elle ne put s'empêcher d'avoir de la bonne volonté pour lui. Son père s'en étant aperçu lui dit qu'il la faisait la maîtresse sur le choix d'un Époux, et qu'elle n'avait qu'à se déclarer.

Comme plus on a d'esprit et plus on a de peine à prendre une ferme résolution sur cette affaire, elle demanda, après avoir remercié son père, qu'il lui donnât du temps pour y penser. Elle alla par hasard se promener dans le même bois où elle avait trouvé Riquet à la houppe, pour rêver plus commodément à ce qu'elle avait à faire. Dans le temps qu'elle se promenait, rêvant profondément, elle entendit un bruit sourd sous ses pieds, comme de plusieurs personnes qui vont et viennent et qui agissent. Ayant prêté l'oreille plus attentivement, elle ouït que l'un disait : « Apporte-moi cette marmite » ; l'autre : « Donne-moi cette chaudière » ; l'autre : « Mets du bois dans ce feu. » La terre s'ouvrit dans le même temps, et elle vit sous ses pieds comme une grande Cuisine pleine de Cuisiniers, de Marmitons et de toutes sortes d'Officiers nécessaires pour faire un festin magnifique. Il en sortit une bande de vingt ou trente Rôtisseurs, qui allèrent se camper dans une allée du bois autour d'une table fort longue, et qui tous, la lardoire à la main, et la queue de Renard sur l'oreille, se mirent à travailler en cadence au son d'une Chanson harmonieuse. La Princesse, étonnée de ce spectacle, leur demanda pour qui ils travaillaient. « C'est, Madame, lui répondit le plus apparent de la bande, pour le Prince Riquet à la houppe, dont les noces se feront demain. » La Princesse encore plus surprise qu'elle ne l'avait été, et se ressouvenant tout à coup qu'il y avait un an qu'à pareil jour elle avait promis d'épouser le Prince Riquet à la houppe, elle pensa tomber de son haut. Ce qui faisait qu'elle ne s'en souvenait pas, c'est que, quand elle fit cette promesse, elle était une bête, et qu'en prenant le nouvel esprit que le Prince lui avait donné, elle avait oublié toutes ses sottises. Elle n'eut pas fait trente pas en continuant sa promenade, que Riquet à la houppe se présenta à elle, brave, magnifique, et comme un Prince qui va se marier. « Vous me voyez, dit-il, Madame, exact à tenir ma parole, et je ne doute point que vous ne veniez ici pour exécuter la vôtre, et me rendre, en me donnant la main, le plus heureux de tous les hommes. – Je vous avouerai franchement, répondit la Princesse, que je n'ai pas encore pris ma résolution là-dessus, et que je ne crois pas pouvoir jamais la prendre telle que vous la souhaitez. – Vous m'étonnez, Madame, lui dit Riquet à la houppe. – Je le crois, dit la Princesse, et assurément si j'avais affaire à un brutal, à un homme sans esprit, je me trouverais bien embarrassée. Une Princesse n'a que sa parole, me dirait-il, et il faut que vous m'épousiez, puisque vous me l'avez promis; mais comme celui à qui je parle est l'homme du monde qui a le plus d'esprit, je suis sûre qu'il entendra raison. Vous savez que, quand je n'étais qu'une bête, je ne pouvais néanmoins me résoudre à vous épouser; comment voulez-vous qu'ayant l'esprit que vous m'avez donné, qui me rend encore plus difficile en gens que je n'étais, je prenne aujourd'hui une résolution que je n'ai pu prendre dans ce temps-là ? Si vous pensiez tout de bon à m'épouser, vous avez eu grand tort de m'ôter ma bêtise, et de me faire voir plus clair que je ne voyais. – Si un homme sans esprit, répondit Riquet à la houppe, serait bien reçu, comme vous venez de le dire, à vous reprocher votre manque de parole, pourquoi voulez-vous, Madame, que je n'en use pas de même, dans une chose où il y va de tout le bonheur de ma vie ? Est-il raisonnable que les personnes qui ont de l'esprit soient d'une pire condition que ceux qui n'en ont pas ? Le pouvez-vous prétendre, vous qui en avez tant, et qui avez tant souhaité d'en avoir ? Mais venons au fait, s'il vous plaît. À la réserve de ma laideur, y a-t-il quelque chose en moi qui vous déplaise ? Êtes-vous mal contente de ma naissance, de mon esprit, de mon humeur, et de mes manières ? – Nullement, répondit la Princesse, j'aime en vous tout ce que vous venez de me dire. – Si cela est ainsi, reprit Riquet à la houppe, je vais être heureux, puisque vous pouvez me rendre le plus aimable de tous les hommes. – Comment cela se peut-il faire ? lui dit la Princesse. – Cela se fera, répondit Riquet à la houppe, si vous m'aimez assez pour souhaiter que cela soit ; et afin, Madame, que vous n'en doutiez pas, sachez que la même Fée qui au jour de ma naissance me fit le don de pouvoir rendre spirituelle la personne qu'il me plairait, vous a aussi fait le don de pouvoir rendre beau celui que vous aimerez, et à qui vous voudrez bien faire cette faveur. – Si la chose est ainsi, dit la Princesse, je souhaite de tout mon cœur que vous deveniez le Prince du monde le plus beau et le plus aimable ; et je vous en fais le don autant qu'il est en moi. » La Princesse n'eut pas plus tôt prononcé ces paroles, que Riquet à la houppe parut à ses yeux l'homme du monde le plus beau, le mieux fait et le plus aimable qu'elle eût jamais vu. Quelques-uns assurent que ce ne furent point les charmes de la Fée qui opérèrent, mais que l'amour seul fit cette Métamorphose. Ils disent que la Princesse ayant fait réflexion sur la persévérance de son Amant, sur sa discrétion, et sur toutes les bonnes qualités de son âme et de son esprit, ne vit plus la difformité de son corps, ni la laideur de son visage, que sa bosse ne lui sembla plus que le bon air d'un homme qui fait le gros dos, et qu'au lieu que jusqu'alors elle l'avait vu boiter effroyablement, elle ne lui trouva plus qu'un certain air penché qui la charmait; ils disent encore que ses yeux, qui étaient louches, ne lui en parurent que plus brillants, que leur dérèglement passa dans son esprit pour la marque d'un violent excès d'amour, et qu'enfin son gros nez rouge eut pour elle quelque chose de Martial et d'Héroïque. Quoi qu'il en soit, la Princesse lui promit sur-le-champ de l'épouser, pourvu qu'il en obtînt le consentement du Roi son Père. Le Roi ayant su que sa fille avait beaucoup d'estime pour Riquet à la houppe, qu'il connaissait d'ailleurs pour un Prince très spirituel et très sage, le reçut avec plaisir pour son gendre. Dès le lendemain les noces furent faites, ainsi que Riquet à la houppe l'avait prévu, et selon les ordres qu'il en avait donnés longtemps auparavant.

Moralité

Ce que l'on voit dans cet écrit,
Est moins un conte en l'air que la vérité
                              [même;
Tout est beau dans ce que l'on aime,
Tout ce qu'on aime a de l'esprit.

Autre moralité

Dans un objet où la Nature,
Aura mis de beaux traits, et la vive
                              [peinture
D'un teint où jamais l'Art ne saurait
                              [arriver,

Tous ces dons pourront moins pour
rendre un cœur sensible,
     Qu'un seul agrément invisible
     Que l'Amour y fera trouver.

TABLE

Composition Euronumérique
92120 Montrouge
pour le compte des Éditions Stock
31, rue de Fleurus, 75006 Paris

Achevé d'imprimer
en mai 2003
sur presses Cameron
dans l'atelier de
Bussière Camedan Imprimeries
À Saint-Amand-Montrond (Cher)

Imprimé en France

Dépôt légal : juin 2003
N° d'Édition : 33653. N° d'Impression :
54-02-5599/3
ISBN : 2-234-05599-7